DISCOURS

COURONNÉ

PAR LA SOCIÉTÉ ROYALE

DES ARTS ET DES SCIENCES DE METZ,

Sur les Questions suivantes, proposées pour sujet du Prix de l'année 1784.

1°. Quelle est l'origine de l'opinion, qui étend sur tous les Individus d'une même Famille, une partie de la honte attachée aux peines infamantes que subit un coupable ?

2°. Cette opinion est-elle plus nuisible qu'utile ?

3°. Dans le cas où l'on se décideroit pour l'affirmative, quels seroient les moyens de parer aux inconvéniens qui en résultent ?

Par M. DE ROBESPIERRE, *Avoc. en Parlement.*

Quod genus hoc Hominum ? Quæve hunc tam barbara morem,
Permittit Patria ?

VIRG. ÆN.

A AMSTERDAM,

ET se trouve A PARIS,

Chez J. G. MERIGOT, jeune, Libraire, quai des Augustins.

M. DCC. LXXXV.

DISCOURS
COURONNÉ
PAR LA SOCIÉTÉ ROYALE DES ARTS ET DES SCIENCES DE METZ,

Sur les Queſtions ſuivantes, propoſées pour ſujet du Prix de l'année 1784.

1°. *Quelle eſt l'origine de l'opinion, qui étend ſur tous les Individus d'une même Famille, une partie de la honte attachée aux peines infamantes que ſubit un coupable ?*

2°. *Cette opinion eſt-elle plus nuiſible qu'utile ?*

3°. *Dans le cas où l'on ſe décideroit pour l'affirmative, quels ſeroient les moyens de parer aux inconvéniens qui en réſultent ?*

MESSIEURS,

C'EST un ſublime ſpectacle de voir les Compagnies ſavantes, ſans ceſſe occupées d'objets utiles au bien public, inviter le génie par l'appât des plus flatteuses récompenses, à frapper sur les préjugés qui troublent le bonheur de la Société.

Cette opinion impérieuse, qui voue à l'infamie les parens des malheureux qui ont encouru l'animadversion des loix, sembloit avoir échapé jusqu'ici à leur attention. Vous avez eu la gloire, Messieurs, de tourner les premiers vers cet objet intéressant, les talens de ceux qui aspirent aux Couronnes académiques. Un sujet si grand a éveillé l'attention du public; il a allumé parmi les gens de lettres une noble émulation. Heureux ceux qui ont reçu de la nature le génie nécessaire pour le traiter d'une maniere qui réponde à son importance, & qui soit digne de la Société célebre qui l'a proposé! Je suis loin de trouver en moi ces grandes ressources; mais je n'en ai pas moins osé vous présenter mon tribut : c'est le désir d'être utile; c'est l'amour de l'humanité qui vous l'offre; il ne sauroit être tout à fait indigne de vous.

PREMIERE PARTIE.

La premiere des trois Questions que j'ai à discuter, pourra paroître au premier coup-d'œil, offrir des difficultés insurmontables.

Comment découvrir l'origine d'une opinion qui remonte aux siecles les plus reculés? Comment démêler les rapports imperceptibles, par lesquels un préjugé peut tenir à mille circonstances inconnues, à mille causes impénétrables? S'engager dans une pareille discussion, n'est-ce pas d'ailleurs s'exposer à rendre raison de ce qui n'est peut-être que l'ouvrage du hasard? N'est-ce pas vouloir chercher des regles au caprice & des motifs à la bizarrerie?

Telles sont, Messieurs, les idées qui se présenterent d'abord à mon esprit; mais j'ai réfléchi qu'en proposant cette question, vous aviez jugé par-là même qu'elle n'étoit pas impossible à résoudre : votre autorité m'a séduit, & j'ai osé entreprendre cette tâche.

Il m'a semblé d'abord qu'une observation très simple me découvroit les premieres traces du préjugé dont je parle.

Quoique les bonnes & les mauvaises actions soient personnelles, j'ai cru remarquer que les hommes étoient par-tout naturellement enclins à étendre en quelque sorte le mérite ou les fautes d'un individu, à ceux qui lui sont unis par des liens étroits. Il semble que les sentimens d'amour & d'admiration que la vertu nous inspire, se répandent jusqu'à un certain point sur tout ce qui tient à elle; tandis que le mépris & l'indignation qui suivent le vice, rejaillissent en partie sur ceux qui ont quelques rapports avec lui.

Tous les jours on dit de cet homme, qu'il eſt l'honneur de ſa famille; & de cet autre, qu'il en eſt la honte. On applique même cette idée à des liaiſons plus générales, & par conſéquent plus foibles. On intéreſſe quelquefois, pour ainſi dire, à la conduite d'un particulier la gloire d'une Nation; que dis-je? celle de l'humanité entiere. N'appelle-t-on pas un Trajan, un Antonin, l'honneur de l'eſpece humaine? Ne dit-on pas d'un Néron, d'un Caligula, qu'il en eſt l'opprobre?

Ces manieres de s'exprimer ſont de toutes les langues, de tous les tems & de tous les pays; elles annoncent un ſentiment commun à tous les peuples; & c'eſt dans cette diſpoſition naturelle que je trouve le premier germe de l'opinion dont je cherche l'origine. Modifiée chez les différens peuples par des circonſtances différentes, elle a acquis plus ou moins d'empire; ici, elle eſt reſtée dans les bornes que lui preſcrivoient la nature & la raiſon; là, elle a prévalu ſur les principes de la juſtice & de l'humanité; elle a enfanté ce préjugé terrible, qui flétrit une famille entiere pour le crime d'un ſeul, & ravit l'honneur à l'innocence même.

Vouloir expliquer en détail toutes les raiſons particulieres qui ont pu influer ſur ſes progrès, ce feroit un projet auffi immenfe que chimérique ; je me bornerai dans cette recherche à l'examen des caufes générales.

La plus puiffante de toutes me paroît être la nature du Gouvernement.

Dans les Etats defpotiques, la loi n'eft autre chofe que la volonté du Prince ; les peines & les récompenfes femblent être plutôt les fignes de fa colere ou de fa bienveillance, que les fuites du crime ou de la vertu. Lorfqu'il punit, fa juftice même reffemble toujours à la violence & à l'oppreffion.

Ce n'eft point la loi, inexorable, incorruptible; mais fage, jufte, équitable, qui procede au jugement des accufés avec l'appareil de ces formes falutaires, qui atteftent fon refpect pour l'honneur & pour la vie des hommes, qui ne dévoue un citoyen au fupplice, que lorfqu'elle y eft forcée par l'évidence des preuves ; mais qui par cette raifon même, imprime toujours à celui qu'elle condamne une flétriffure ineffaçable.

C'eft un pouvoir irréfiftible, qui frappe fans difcernement & fans regle ; c'eft la foudre qui tombe, brife, écrafe tout ce qu'elle rencontre ; dans un pareil Gouvernement la honte attachée au fupplice eft trop foible, pour rejaillir jufques fur la famille de celui qui l'a fubi.

D'ailleurs ce préjugé suppose des idées d'honneur poussées jusqu'au rafinement. Mais qu'est-ce que l'honneur dans les Etats despotiques ? On sait qu'il est tellement inconnu dans ces contrées, que dans quelques-unes, en Perse par exemple, la langue n'a pas même de mot pour exprimer cette idée. Eh ! comment des ames dégradées par l'esclavage pourroient-elles outrer la délicatesse en ce genre ? Au reste, ces raisonnemens sont justifiés par l'expérience, puisque non-seulement en Perse, mais en Turquie, à la Chine, au Japon, & chez les autres peuples soumis au despotisme, on ne trouve aucune trace de l'opinion dont il s'agit ici.

Ce n'est pas non plus dans les véritables Républiques qu'elle exercera sa tyrannie.

Là, l'état d'un citoyen est un objet trop important, pour être abandonné à la discrétion d'autrui. Chaque particulier ayant part au gouvernement, étant membre de la souveraineté, ne peut être dépouillé de cette auguste prérogative par la faute d'un autre ; & tant qu'il la conserve, l'intérêt & la dignité de l'Etat ne souffrent pas qu'il soit flétri si légérement par les préjugés. La liberté républicaine se révolteroit contre ce despotisme de l'opinion : loin de permettre à l'honneur de sacrifier à ses fantaisies les droits des citoyens, elle l'oblige de les ſoumettre à la force des Loix, & à l'influence des mœurs qui les protegent.

D'ailleurs chez des peuples où la carriere de la gloire & des dignités eſt toujours ouverte aux talens, la facilité de faire oublier des crimes qui nous ſont étrangers, par des actions éclatantes qui nous ſont propres, ne laiſſe point lieu au genre de flétriſſure dont je parle; l'habitude de voir des hommes illuſtres dans les parens d'un coupable, ſuffiroit ſeule pour anéantir ce préjugé.

On pourroit ajouter une autre raiſon, qui tient au principe fondamental de l'eſpece de Gouvernement dont je parle. Le reſſort eſſentiel des Républiques eſt la vertu, comme l'a prouvé l'Auteur de l'Eſprit des Loix, c'eſt-à-dire la vertu politique, qui n'eſt autre choſe que l'amour des Loix & de la Patrie; leur conſtitution même exige que tous les intérêts particuliers, toutes les liaiſons perſonnelles, cèdent ſans ceſſe au bien général. Chaque citoyen faiſant partie de la Souveraineté, comme je l'ai déjà dit, il eſt obligé à ce titre de veiller à la ſûreté de la Patrie, dont les droits ſont remis entre ſes mains: il ne doit pas épargner même le coupable le plus cher, quand le ſalut de la République demande ſa punition. Mais comment pourroit-il obſerver ce pénible devoir, ſi le déshonneur devoit être le prix de ſa fidélité à le remplir ? Soumettez *Brutus* à cette terrible épreuve, croyez-vous qu'il aura le triſte courage de cimenter la liberté romaine par le ſang de deux Fils criminels ? non : une grande ame peut immoler à l'Etat la fortune, la vie, la nature même, mais jamais l'honneur.

Ici j'ai encore l'avantage de voir que mon ſyſtême n'eſt pas démenti par les faits. Un coup-d'œil jetté ſur l'Hiſtoire des anciennes Républiques, ſuffit pour me convaincre que le préjugé dont je parle en étoit banni.

A Rome, par exemple, le Décemvir *Appius Claudius*, convaincu d'avoir opprimé la liberté publique, ſouillé du ſang innocent de Virginie, meurt dans la priſon, d'où il alloit ſortir pour ſubir la peine dûe à tant de forfaits. La famille de *Claudius* fut-elle dèshonorée ? Non : immédiatement après ſa mort, je vois *Caïus Claudius* ſon oncle, briller encore aux premiers rangs des citoyens, ſoutenir avec hauteur les prérogatives du Sénat, s'élever contre les entrepriſes des Tribuns, avec cette fierté héréditaire que ſes ancêtres avoient toujours déployée dans les affaires publiques. Ce qui me paroît ſur-tout caractériſer l'eſprit de la Nation, relativement à l'objet dont il eſt ici queſtion, c'eſt que dans les discours que les Historiens de la République prêtent à *Claudius* dans ces occasions, ce Romain ne craint pas de rappeller au peuple le souvenir de ces mêmes Décemvirs, dont son neveu avoit été le Chef. Il y a plus; je vois le fils même de cet Appius, gouverner en qualité de Tribun militaire la République, dont son pere avoit été l'oppresseur & la victime.

La punition des autres Décemvirs, ne ferma pas non plus le chemin des honneurs à leurs familles. A peine le peuple a-t-il condamné *Duillius*, qu'il choisit pour Tribun un citoyen de son sang & de son nom. Les jugemens qui flétrirent *Fabius Vibulanus*, *Marcus Servilius* & *M. Cornelius*, ne précedent que de quelques années l'élévation de leurs proches au Tribunal militaire & au Consulat.

M. Manlius accusé d'avoir conspiré contre la République, est condamné à être précipité du haut de la roche Tarpeïenne : quatorze ou quinze ans après son supplice, les Romains déferent à *Publius Manlius*, l'un de ses proches parens, avec le titre de Dictateur, la puissance la plus absolue à laquelle un citoyen puisse aspirer.

Je ne finirois pas, si je voulois épuiser les exemples de ce genre que l'Histoire me présente.

Je me contenterai de rappeller encore celui d'une Nation voiſine, dont les mœurs ſont une nouvelle preuve de mon ſyſtême : tout le monde ſait que l'Angleterre, qui, malgré le nom de Monarchie, n'en eſt pas moins une véritable République, a ſécoué le joug de l'opinion qui fait l'objet de nos recherches.

Quels ſont donc les lieux où elle domine ? Ce ſont les Monarchies : c'eſt-là que ſecondée par la nature du Gouvernement, ſoutenue par les mœurs, nourrie par l'eſprit général, elle ſemble établir ſon empire ſur une baſe inébranlable.

L'honneur, comme on l'a ſouvent remarqué, l'honneur eſt l'ame du Gouvernement monarchique; non pas cet honneur philoſophique, qui n'eſt autre choſe que le ſentiment exquis qu'une ame noble & pure a de ſa propre dignité, qui a la raiſon pour baſe, & ſe confond avec le devoir, qui exiſteroit même loin des regards des hommes, ſans autre témoin que le ciel, & ſans autre juge que la conſcience; mais cet honneur politique, dont la nature eſt d'aſpirer aux préférences & aux diſtinctions, qui fait que l'on ne ſe contente pas d'être eſtimable, mais que l'on veut ſur-tout être eſtimé; plus jaloux de mettre dans ſa conduite de la grandeur que de la juſtice, de l'éclat &

de la dignité que la raison ; cet honneur qui tient plus à la vanité qu'à la vertu, mais qui dans l'ordre politique supplée à la vertu même, puisque par le plus simple de tous les ressorts, il force les citoyens à marcher vers le bien public, lorsqu'ils ne pensent aller qu'au but de leurs passions particulieres ; cet honneur enfin souvent aussi bizarre dans ses loix que grand dans ses effets, qui produit tant de sentimens sublimes & tant d'absurdes préjugés, tant de traits héroïques & tant d'actions extravagantes ; qui se pique ordinairement de respecter les loix, & quelquefois aussi se fait un devoir de les enfreindre ; qui prescrit impérieusement l'obéissance aux volontés du Prince, & cependant permet de refuser ses services à quiconque se croit blessé par une injuste préférence ; qui ordonne en même tems de traiter avec générosité les ennemis de la Patrie, & de laver un affront dans le sang du citoyen.

Ne cherchons point ailleurs que dans ce sentiment, tel que nous venons de le peindre, la source du préjugé dont il est ici question. Si l'on considere la nature de cet honneur, fertile en caprices, toujours porté à une excessive délicatesse, appréciant souvent les choses par leur éclat, plutôt que par leur valeur intrinséque, les hommes par des accessoires, par des titres qui leur ſont étrangers, plutôt que par leurs qualités perſonnelles, on concevra facilement comment il a pu livrer au mépris, ceux qui tiennent à un ſcélérat flétri par la Société.

Il pouvoit établir ce préjugé d'autant plus aiſément, qu'il étoit encore favoriſé par d'autres circonſtances, relatives à la nature du Gouvernement dont je parle. L'Etat monarchique exige néceſſairement des prééminences, des diſtinctions de rang; ſur-tout un corps de Nobleſſe, regardé comme eſſentiel à ſa conſtitution, ſuivant ce principe, que *Bacon* avoit développé avant *Monteſquieu* : ſans Nobles point de Monarque, ſans Monarque point de Nobles. Dans ce Gouvernement, l'opinion publique attache néceſſairement un prix infini à l'avantage de la naiſſance; mais cette habitude même de faire dépendre l'eſtime que l'on accorde à un citoyen, de l'ancienneté de ſon origine, de l'illuſtration de ſa famille, de la grandeur de ſes alliances, a déjà des rapports aſſez ſenſibles avec le préjugé dont il eſt queſtion. La même tournure d'eſprit qui fait que l'on reſpecte un homme parce qu'il eſt né d'un pere noble, qu'on le dédaigne parce qu'il ſort de parens obſcurs, conduit naturellement à le mépriſer lorſqu'il a reçu le jour d'un homme flétri, ou qu'il l'a donné à un ſcélérat.

Combien d'autres circonſtances particulieres ont pu augmenter l'influence de ces cauſes générales dans les Monarchies modernes, & ſur-tout en France!

Les anciennes Loix françoiſes ne puniſſoient les crimes des Nobles, que par la perte de leurs priviléges; les peines afflictives étoient réſervées pour le roturier ou vilain; dans la ſuite le Clergé fut auſſi affranchi par ſes prérogatives de cette derniere eſpece de punitions.

Quel obſtacle pouvoit trouver alors le préjugé qui déshonoroit les familles de ceux qui étoient condamnés au ſupplice? Il ne s'attachoit qu'à cette partie de la Nation, avilie pendant des ſiecles par la plus dure & la plus honteuſe ſervitude.

S'il eût attaqué les deux corps qui dominoient dans l'Etat, s'il eût mis en danger l'honneur des ſeuls citoyens dont les droits paruſſent alors dignes d'être reſpectés, il eſt probable qu'il auroit été bientôt anéanti.

Nous avons d'autant plus de raiſon de le croire, qu'il n'a jamais pu étendre ſon empire juſqu'aux grandes Maiſons du Royaume. Aujourd'hui que les Nobles ont été ſoumis aux punitions corporelles, la famille d'un illuſtre coupable échappe encore au déshonneur. Tandis que le gibet flétrit à jamais les parens du roturier;

le fer qui abat la tête d'un Grand n'imprime aucune tache à sa postérité.

Mais par la raison contraire, cette opinion cruelle s'est établie sans peine dans des tems de barbarie, où elle frappoit à loisir sur un peuple esclave, si méprisable aux yeux de ce Clergé puissant, & de cette superbe Noblesse qui l'opprimoient.

Je ne dirai plus qu'un mot sur ce sujet, pour observer que ce même préjugé a pu être encore fortifié par une coutume bizarre, qui régna long-tems chez la plupart des Nations de l'Europe : je parle du combat judiciaire.

Lorsque cette absurde institution décidoit de toutes les affaires civiles & criminelles, les parens de l'accusé étoient souvent obligés de devenir eux-mêmes parties dans le procès d'où dépendoit son sort. Lorsque sa foiblesse, ses infirmités, son sexe sur-tout ne lui permettoient pas de prouver son innocence l'épée à la main, ils embrassoient sa querelle & combattoient à sa place. Le procès devenoit donc en quelque sorte pour eux une affaire personnelle, la condamnation de l'accusé étoit la suite de leur défaite; & dès-lors il étoit moins étonnant qu'ils en partageassent la honte, chez des peuples qui ne connoissoient d'autre mérite que les qualités guerrieres.

SECONDE

SECONDE PARTIE.

APRÈS avoir cherché l'origine du préjugé qui fait l'objet de nos réflexions, j'ai à discuter une seconde question plus importante encore : ce préjugé est-il plus nuisible qu'utile ?

J'avoue que je n'ai jamais pu concevoir comment les avis pouvoient être partagés sur un point que la raison & l'humanité décident si clairement. Aussi quand j'ai vu une Société savante aussi distinguée proposer cette question, je n'ai jamais cru que son intention fût d'offrir un problême à résoudre ; mais seulement une erreur funeste à combattre, un usage barbare à détruire, une des plaies de la Société à guérir.

D'abord, qu'une opinion, dont l'effet est de faire porter à l'innocence ce que la peine du crime a de plus accablant, soit injuste, c'est une vérité, ce me semble, qui n'a pas besoin de preuve ; mais ce point résolu, la question est décidée. Si elle est injuste, elle n'est donc pas utile ? De toutes les maximes de la morale, la plus profonde, la plus sublime peut-être, & en même tems la plus certaine, est celle qui dit : que rien n'est utile que ce qui est honnête.

Les loix de l'Etre ſuprême n'ont pas beſoin d'autre ſanction que des ſuites naturelles qu'il a lui-même attachées à la fidélité qui les reſpecte, ou à l'audace qui les enfreint : la vertu produit le bonheur, comme le ſoleil produit la lumiere; tandis que le malheur ſort du crime, comme l'inſecte impur naît du ſein de la corruption.

Le jour eſt arrivé où *Céſar* ſaiſit enfin le prix de ſes travaux, de ſes victoires & de ſes forfaits ; il triomphe, il regne, il eſt aſſis ſur le trône de l'univers. Céſar eſt-il heureux ? Non. Il échapperoit en vain au fer de ſes ennemis qui vont l'immoler à la liberté ; la peine qui le pourſuit ne l'atteindroit pas moins sûrement : il ne vivroit que pour apprendre tous les jours par de terribles leçons, que ce qui n'eſt point honnête ne ſauroit être juſte.

Cette maxime vraie en morale, ne l'eſt pas moins en politique : les hommes iſolés & les hommes réunis en corps de nations, ſont également ſoumis à cette loi. La proſpérité des Etats repoſe néceſſairement ſur la baſe immuable de l'ordre, de la juſtice & de la ſageſſe : toute loi injuſte, toute inſtitution cruelle, qui offenſe le droit naturel, contrarie ouvertement leur but, qui eſt la conſervation des droits de l'homme, le bonheur & la tranquillité des citoyens.

Si les Politiques paroissent avoir souvent méconnu ces principes, c'est qu'en général les Politiques ont beaucoup de mépris pour la morale; c'est que la force, la témérité, l'ignorance & l'ambition, ont trop souvent gouverné la terre.

Au reste, si j'avois eu à démontrer la vérité de la maxime que j'ai exposée par un exemple frappant, j'aurois choisi précisément celui que me fournit le préjugé dont il est ici question.

Mais ici j'entends des voix s'élever en sa faveur: je crois rencontrer dès le premier pas un Sophisme accrédité, qui lui a donné un assez grand nombre de partisans. Il est, dit-on, salutaire à la Société; il prévient une infinité de crimes; il force les parens à veiller sur la conduite des parens; il rend les familles garantes des membres qui les composent.

Des citoyens garans des crimes d'un autre citoyen! Eh! c'est précisément ce monstre de l'ordre social que j'attaque. C'est par des loix sages, c'est par le maintien des mœurs, plus puissantes que les loix, qu'il faut arrêter le crime; & non par des usages atroces, toujours plus funestes à la Société que les délits même qu'ils pourroient prévenir.

A la Chine on a imaginé un moyen frappant d'établir cette espece de garantie, dont on nous vante les avantages. Là, les loix condamnent à mort les peres dont les enfans ont commis un crime capital. Que n'adoptons-nous cette institution? Cette idée nous fait frémir..... & nous l'avons réalisée. Ne nous prévalons pas de la circonstance, que nous n'avons pas été jusqu'à ôter la vie aux parens du coupable : nous avons fait plus, même dans nos propres principes, puisque nous rougirions de mettre la vie en concurrence avec l'honneur.

Mais après tout, ce préjugé nous donne-t-il en effet ce foible dédommagement qu'on nous promet? Comment diminue-t-il le nombre des crimes? Est-ce de la part de ceux qui sont capables de les commettre? Je n'ai pas l'idée d'un homme assez scélérat, pour fouler aux pieds les loix les plus sacrées; & cependant assez sensible, assez généreux, assez délicat, pour craindre d'imprimer à sa famille le déshonneur, qu'il ne redoute pas pour lui-même.

Le préjugé produira-t-il plus d'effet de la part des parens? Rendra-t-il le pere plus attentif à l'éducation de ses enfans? Quand son esprit pourroit se fixer sur les horribles images qu'il lui présenteroit; quand la tendresse paternelle, toujours si prompte à se flatter, pourroit penser sérieusement qu'elle caresse peut-être des monstres, capables de mériter un jour toute la sévérité des loix, cet affreux mobile seroit au moins superflu ; car il n'est pas un seul pere qui ne se propose quelque chose de plus, que d'empêcher que ses enfans n'expirent un jour sur un échafaud.

Peut-être m'objectera-t-on que ce motif peut engager les parens à réclamer le secours de l'autorité, contre des enfans pervers qui les menacent d'un déshonneur prochain.

Mais outre que la derniere classe des citoyens n'a pas les ressources nécessaires pour se procurer ce remede violent; quand un pere se détermine-t-il à en faire usage? Lorsque le mal est devenu incurable; lorsque la corruption de son fils est déjà parvenue à son dernier période; lorsque des écarts multipliés qu'il connoît souvent le dernier, & qui ont déjà mérité l'animadversion de la Justice, le forcent à des démarches humiliantes, qui laissent toujours une tache sur l'objet de sa tendresse.

Et souvent à peine l'aura-t-il privé de la liberté dont il abuse, que séduit par l'espoir d'un changement dont lui seul peut se flatter, il obtiendra la révocation de l'ordre fatal qu'il aura sollicité; le coupable, dont les inclinations funestes auront été fortifiées encore par la compagnie des hommes vicieux, que la même punition aura rassemblés dans sa prison, ou par la solitude, non moins dangereuse pour les ames perverses que le commerce des méchans, rentrera dans le sein de la Société, où il rapportera de funestes dispositions à tous les crimes qui peuvent la troubler.

Voilà donc les avantages que nous procure ce préjugé ; c'étoit bien la peine d'être injustes & barbares.

Mais d'ailleurs pour avoir un prétexte de rendre le pere responsable à ce point des actions de ses enfans, il faudroit au moins lui laisser tous les moyens nécessaires pour les diriger.

Les *Chinois* sont en cela plus conséquens que nous ; leurs loix leur donnent un pouvoir sans bornes sur leur famille ; elles les punissent, dit-on, de n'en avoir pas usé. Mais nous, qui avons presqu'entiérement soustrait à l'autorité paternelle la personne & les biens des enfans, nous qui fixons à un âge si peu avancé le terme de leur indépendance, comment imputerions-nous aux peres tant de fautes qu'ils ne peuvent empêcher ? Ah ! si nous voulons exercer envers eux cette rigueur, rendons leur du moins toutes leurs prérogatives ; rétablissons ce tribunal domestique que les anciens peuples regardoient avec raiſon comme la ſauve garde des mœurs.... ou plutôt cette inſtitution nous prouveroit bientôt que pour mettre un frein au crime, il n'eſt pas néceſſaire d'opprimer l'innocence & d'outrager l'humanité.

. Mais enfin quand nous pourrions pallier par ce frivole prétexte notre injuſtice envers les peres, comment la juſtifierons-nous à l'égard des autres parens du coupable? Quelle autorité le frere a-t-il pour corriger le frere? Quelle puiſſance le fils exerce-t-il ſur ſon pere? Et la tendre, la timide, la vertueuſe épouſe, eſt-elle coupable de n'avoir pas réprimé les excès du maître auquel la loi l'a ſoumiſe? De quel droit portons-nous le déſeſpoir dans ſon cœur abattu? De quel droit la forçons nous à cacher, comme un douloureux témoignage de ſa honte, les pleurs mêmes que lui arrache l'excès de ſon infortune?

J'ai cherché vainement de quelle apparence d'utilité, on pouvoit colorer l'injuſtice du préjugé que je combats; mais je ſuis moins embarraſſé à découvrir les maux innombrables qu'il traîne après lui.

Pour bien les apprécier, il faudroit pouvoir ſuſpendre un moment l'impreſſion de l'habitude qui nous l'a rendu trop familier, & le conſidérer en quelque ſorte dans un point de vue plus éloigné.

Je ſuppoſe donc qu'un habitant de quelque contrée lointaine, où nos uſages ſont inconnus, après avoir voyagé parmi nous, retourne vers ſe compatriotes & leur tienne ce diſcours :

« J'ai vu des pays où regne une coutume » ſinguliere : toutes les fois qu'un criminel eſt » condamné au ſupplice, il faut que pluſieurs » citoyens ſoient déshonorés. Ce n'eſt pas qu'on » leur reproche aucune faute ; ils peuvent être » juſtes, bienfaiſans, généreux ; ils peuvent » poſſéder mille talens & mille vertus ; mais » ils n'en ſont pas moins des gens infâmes ».

« Avec l'innocence, ils ont encore les droits » les plus touchans à la commiſération de leurs » concitoyens. C'eſt, par exemple, une famille » déſolée, à qui l'on arrache ſon chef & ſon » appui pour le traîner à l'échafaud : on juge » qu'elle ſeroit trop heureuſe ſi elle n'avoit » que ce malheur à pleurer ; on la dévoue elle-» même à un opprobre éternel ».

« Les infortunés ! avec toute la ſenſibilité » d'une ame honnête, ils ſont réduits à porter » tout le poids de cette peine horrible, que » le ſcélérat peut ſeul ſoutenir. Ils n'oſent plus » lever les yeux, de peur de lire le mépris ſur » le viſage de tous ceux qui les environnent ; » tous les états les dédaignent ; tous les corps » les repouſſent ; toutes les familles craignent

» de ſe ſouiller par leur alliance ; la Société » entiere les abandonne & les laiſſe dans une » ſolitude affreuſe ; la bienfaiſance même qui » les ſoulage, ſe défend à peine du ſentiment » ſuperbe & cruel qui les outrage ; l'amitié.... » j'oublíois que l'amitié ne peut plus exiſter pour » eux. Enfin leur ſituation eſt ſi terrible, » qu'elle fait pitié à ceux même qui en ſont » les auteurs ; on les plaint du mépris que » l'on ſe ſent pour eux, & on continue de les » flétrir ; on plonge le couteau dans le cœur » de ces victimes innocentes, mais ce n'eſt » pas ſans être un peu ému de leurs cris ».

A cet étonnant mais fidele récit, que diroient les peuples dont je parle ? Ne croiroient-ils pas d'abord qu'un tel préjugé ne peut regner que dans quelque contrée ſauvage ? On auroit beau ajouter que les peuples qui l'ont adopté ſont d'ailleurs juſtes, humains, éclairés ; qu'ils ont des mœurs polies, des loix ſages, des inſtitutions ſublimes, qu'ils ſavent mieux qu'aucun autre connoître les principes du bonheur ſocial, & reſpecter les droits de l'humanité ; qu'ils ont porté les Arts & les Sciences à un degré de perfection inconnu au reſte de l'univers. Ils ne voudroient pas croire à ces inconcevables contradictions ; ignorant tous les avantages qui nous dédommagent de ces reſtes de l'ancienne barbarie, ils nous regarderoient peut-être comme les plus malheureux des hommes; ils s'applaudiroient de ne pas vivre dans un pays, où l'innocence n'est point en sûreté, où les citoyens sont sans cesse exposés au danger affreux de perdre le plus précieux de tous les biens, par des événemens qui leur sont étrangers.

Tel est le premier inconvénient attaché à cet absurde préjugé : il est fait pour nous effrayer. Nous regardons tout ce qui porte atteinte à la stabilité de nos propriétés comme un coup funeste, qui ébranle les fondemens du bonheur public ; quelle idée nous formerons-nous donc d'un préjugé, qui soumet aux caprices du hasard l'honneur même, sans lequel tous les autres biens sont sans prix, & la vie n'est qu'un supplice !

Nous répétons tous les jours cette maxime équitable, qu'il vaut mieux épargner mille coupables que de sacrifier un seul innocent : & nous ne punissons pas un coupable, sans perdre plusieurs innocens !

La punition d'un scélérat, disons-nous, n'est qu'un exemple pour d'autres scélérats ; mais le supplice d'un homme de bien est l'effroi de la Société entiere; & tous les jours nous donnons à la Société ce spectacle horrible, qui doit porter la terreur dans l'ame de chacun de nous, puiſque rien ne nous garantit que nous n'en ſerons jamais les déplorables objets ; & qu'oppreſſeurs aujourd'hui, nous pouvons demain être opprimés à notre tour.

Et quel tort penſe-t-on que cauſe à l'Etat la flétriſſure imprimée à tant de citoyens ?

Les Légiſlateurs éclairés ſe ſont toujours montrés avares du ſang même le plus vil, lorſqu'ils ont pu le conſerver à la Patrie ; ils n'ont pas voulu la priver des moindres avantages qu'elle pouvoit retirer de la punition des criminels, qu'ils n'ont pas cru devoir condamner à la mort. De-là les peines, qui attachent aux travaux publics les auteurs de certains délits. Nos Loix même ont adopté ces principes : & nos préjugés les bleſſent ouvertement, en rendant inutiles à l'Etat tous les citoyens irréprochables qui tiennent à un coupable.

Si au lieu de leur imputer les fautes de leur parent, on leur faiſoit un mérite de ne pas lui reſſembler, la condamnation de ce dernier ſeroit pour eux un aiguillon puiſſant, qui les forceroit à la faire oublier par leurs qualités perſonnelles; mais nos préjugés privent à jamais la Société des ſervices qu'ils pouvoient lui rendre. En leur ôtant l'honneur, ils les anéantiſſent, ils les frappent d'une eſpece de mort civile, non moins funeſte que celle que la loi donne aux coupables qu'elle condamne.

Plût au Ciel encore qu'ils ne fussent qu'inutiles, & qu'ils ne devinssent jamais dangereux !

L'opprobre avilit les ames ; celui que l'on condamne au mépris est forcé de devenir méprisable. De quel sentiment noble, de quelle action généreuse sera capable celui qui ne peut plus prétendre à l'estime de ses semblables ? Privé sans retour des avantages attachés à la vertu, il faudra qu'il cherche un dédommagement dans les jouissances du vice.

Si la honte lui a laissé quelque ressort, craignons-le encore davantage. Craignons son énergie même, qui va se tourner en haine & en désespoir.... Je ne pense pas sans frémir aux mouvemens terribles qui doivent agiter une ame forte, dans cette inconcevable situation : je crois voir une de ces familles, que le préjugé a précipitées à ce dernier degré des miseres humaines.

C'étoient des hommes pleins de talens & d'honneur : enflammés par une noble ambition, encouragés par l'estime publique, ils marchoient à grands pas vers la gloire & vers la fortune...... Tout a changé : un moment de délire a égaré quelqu'un de leurs proches, & les Loix l'ont puni. Accablés de ce coup horrible, ils ſont demeurés long-tems enſevelis dans un ſtupide abattement. Enfin ils ont levé les yeux en tremblant vers leurs concitoyens; leur foible voix n'a oſé ſe faire entendre; mais un regard où la crainte ſe peignoit avec la douleur, a imploré pour eux la protection de ceux qui les environnoient..... mais le terrible préjugé leur a défendu d'écouter la pitié; tous ont détourné les yeux, & les ont voué pour jamais à l'abandon, à la miſere, à l'infamie..... Que faites-vous, citoyens inſenſés? Comment oſez-vous ravir à ces infortunés l'honneur & l'eſpérance, ſi vous ne pouvez leur arracher en même tems ce courage & cette ardente ſenſibilité que leur donna la nature? Que feront-ils déſormais de ces ames fieres & actives dont ils portent tout le poids? Vous ne voulez plus qu'ils les exercent pour la gloire, pour la vertu, pour la Patrie; à quoi les emploieront-ils donc? Au crime & à la vengeance. Tous les biens qui peuvent flatter le cœur de l'homme & occuper ſon activité, ſe ſont tout-à-coup éclipſés pour eux; l'amitié, l'amour, la bienfaiſance, toutes ces affections douces qui conſolent & qui élevent l'ame leur ſont déſormais interdites; s'ils jettent les yeux autour d'eux, ils ne voient plus que des oppreſſeurs; s'ils rentrent au-dedans d'eux-mêmes, ils n'y trouvent que le ſentiment amer de l'injuſtice atroce dont ils ſont les victimes : leur ame ſans ceſſe irritée par cet excès de barbarie, ne peut plus enfanter que des idées ſiniſtres & des projets cruels..... Ah ! que dans cet état affreux, un nouveau *Catilina* ne vienne point les inviter à conſpirer avec lui pour la ruine d'une odieuſe Patrie ! je crains bien qu'il ne les trouve trop diſpoſés à ſurpaſſer ſes fureurs. Dans une telle ſituation, les mêmes qualités qui devoient être une ſource de grandes actions, doivent néceſſairement les conduire aux grands crimes. Pour combler tant d'horreurs, il ne manqueroit plus que de les voir un jour, ces malheureux, expirer eux-mêmes ſous le glaive de la Juſtice. O citoyens ! vous la verrez tôt ou tard cette ſanglante cataſtrophe ; après avoir puni en eux des crimes dont ils n'étoient point coupables, vous punirez ceux auxquels vous les aurez vous-mêmes forcés ; vous les condamnerez à mourir ſur ce même échafaud, encore teint du ſang de ce parent coupable, dont leurs vertus auroient pu ſurpaſſer les forfaits. Que dis-je ; vous y volerez peut-être en foule pour ſatisfaire une curioſité barbare ; & qu'y verrez-vous ? Un ſpectacle fait pour vous inſtruire ſans doute, le triomphe de votre injuſtice & de votre folie, l'exemple le plus terrible des horreurs que traîne après lui le plus atroce de tous les préjugés.

Si nous considérons toute l'étendue des maux dont je viens de parler, nous nous estimerons heureux toutes les fois que les parens des coupables prendront le parti auquel ils ont assez souvent recours, de fuir loin d'une injuste Patrie, pour aller cacher leur honte dans des contrées étrangeres; & qu'ils ne feront point d'autre mal à l'Etat, que de porter aux Nations rivales leur industrie, leurs talens, leurs fortunes, avec la haine de la Patrie qui les a persécutés.

Plus j'avance, & plus je découvre de nouvelles raisons de détester le préjugé que j'attaque. Je le vois par-tout élever un signal de discorde entre les citoyens: c'est par lui qu'une barriere insurmontable s'éleve tout à coup, entre deux familles prêtes à s'unir par une étroite alliance; c'est par lui que le dédain, le mépris, le deuil, le désespoir, succede à l'estime, à l'amour, à la joie, à l'ivresse du bonheur; c'est lui qui arrachant l'un à l'autre des amans, dont l'hymen alloit combler les vœux, ordonne à l'un de trahir sa foi, & condamne l'autre à l'impuissance de remplir jamais un des devoirs les plus sacrés du citoyen. C'est ce même préjugé qui allume tant de querelles funeſtes. Ceux qu'il flétrit ſont ſans ceſſe expoſés à des affronts, qu'ils ne ſouffrent pas toujours patiemment. La cauſe de leurs malheurs eſt un des textes d'injures les plus familiers à la haine, à l'inſolence, à la brutalité, au faux honneur. De-là les diſcuſſions, les rixes & ſur-tout les duels. C'eſt ainſi que ce préjugé fournit un aliment inépuiſable à cette autre frénéſie, non moins funeſte ni moins barbare que lui, & avec laquelle il eſt ſans doute bien digne de s'allier.

Il produit encore un autre inconvénient, peut-être moins ſenſible, mais non moins réel.

J'ai vu des enfans pervers, s'appercevoir qu'ils tenoient entre leurs mains la deſtinée de leurs parens, ſe prévaloir de cet odieux avantage, pour leur arracher d'injuſtes complaiſances, les forcer à ſe relâcher d'une ſévérité néceſſaire, par la crainte de les pouſſer à des excès qui auroient déshonoré leurs familles; & faire ainſi du préjugé dont je parle, l'inſtrument de leurs paſſions & la ſauve-garde de leur licence. Je ne doute pas que ces exemples ſoient beaucoup plus communs qu'on ne penſe; ils ne demandent qu'un œil attentif pour être apperçus.

Mais il eſt, Meſſieurs, un point de vue plus important

important, & digne de fixer toute votre attention, sous lequel on peut considérer le préjugé.

Dans toute Société bien constituée, il est des Tribunaux établis par les loix, pour juger les crimes suivant des formes invariables, faites pour servir de sauve-garde à l'innocence & de rempart à la liberté civile; mais ces principes sacrés, sur lesquels portent les premiers fondemens du bonheur public, le préjugé permet-il de les suivre avec rigueur?

Un de ses premiers effets est de forcer les familles à solliciter sans cesse des ordres supérieurs contre les particuliers, dont les inclinations perverses ou les passions ardentes semblent leur annoncer un funeste avenir. C'est en vain que l'intérêt général semble réclamer contre leurs démarches; le vœu public invoque lui-même ce secours, en faveur des citoyens honnêtes que menace cette opinion fatale. Car après tout nos mœurs en général ne sont point cruelles; le préjugé nous révolte en nous subjuguant; nous ne voyons pas sans épouvante les suites affreuses qu'il traîne après lui; l'intervention de l'autorité se présente à nous comme le seul moyen de les prévenir, & nous le saisissons avec empressement.

Nous connoissons les inconvéniens qu'il

entraine ; nous ſavons que les alarmes d'une famille, peuvent être pour des parens mal-intentionnés un prétexte aux vengeances domeſtiques, un inſtrument d'injuſtice & d'oppreſſion ; nous ſentons que la jalouſie d'un frere ambitieux, la haine d'une marâtre cruelle, les intrigues d'une perfide épouſe, peuvent faire quelquefois tout le crime du malheureux contre qui l'on conſpire au pied du Trône : & nous ne pourrons-nous défendre d'un ſentiment d'effroi, ſi nous ſongeons qu'alors ces citoyens en butte à des accuſations clandeſtines, ayant pour juges leurs adverſaires mêmes, ſont privés de tous les ſecours que les formes ordinaires de la Juſtice préſentent à l'innocence pour confondre la calomnie.

Mais ces inconvéniens & tant d'autres nous paroiſſent encore préférables à tous les malheurs qui ſuivent le plus odieux des préjugés. Contre un mal ſi rédouté, il n'eſt point de remede ſi violent que nous ne puiſſions employer ſans effroi.

Cependant que faut-il penſer d'un fleau qui a pu nous familiariſer avec une pareille reſſource, & qui ſeul perpétue encore parmi nous un uſage ſi pernicieux en lui-même.

Oui, ſans lui les *Lettres de cachet* ſeroient ignorées parmi nous, & nous verrions bientôt ce mot effacé de notre langue. La tranquillité publique & la puiſſance royale établies déſormais ſur des fondemens inébranlables, ne nous permettent pas même de prévoir aucun de ces événemens funeſtes, qui peuvent forcer le Gouvernement à employer ces reſſorts extraordinaires & violens. L'auguſte bonté de nos Souverains, qui ſe fait une loi d'en reſtreindre l'uſage avec tant de ſévérité, s'empreſſeroit de l'abolir entiérement; mais auſſi long-tems que nous conſerverons l'habitude d'envelopper l'innocence dans la proſcription du crime, il nous faudra des Lettres de cachet, & nous ne ceſſerons de les invoquer contre notre propre folie.

Que ſera-ce lorſque les familles n'auront pu recourir à ces précautions funeſtes, & que le crime d'un particulier aura éveillé l'attention de la Police? C'eſt alors que l'on verra tous ceux qui tiennent au coupable par quelque lien, ſe liguer pour l'arracher à la peine qui le menace. Tout ce que peut le crédit, la faveur, les richeſſes, l'amitié, la bienfaiſance, le zele, le courage, le déſeſpoir, toutes les paſſions humaines exaltées par le plus puiſſant de tous les intérêts, tout eſt prodigué pour impoſer ſilence à la Loi; à chaque délit qu'elle veut réprimer, elle voit ſe former contr'elle une nouvelle conſpiration, plus ou moins redoutable, ſuivant le degré de crédit & de conſidération dont jouit la famille du criminel. Eh ! qui pourroit faire un crime à ces infortunés, de réunir toutes leurs forces pour échapper à un tel déſaſtre ? La commiſération publique ſe range elle-même de leur parti. Quels étranges contraſtes ! l'intérêt de la Société demande la punition du coupable ; & la Société elle-même eſt en quelque ſorte contrainte à faire des vœux pour ſon ſalut. Une foule de citoyens irréprochables eſt placée entre les Magiſtrats & l'accuſé ; pour frapper celui-ci, il faut qu'ils plongent dans le cœur des autres le glaive dont ils ſont armés pour punir le crime. Que je plains un Juge réduit à cette ſituation cruelle, où il ne peut déployer la ſévérité de ſon miniſtere, ſans immoler à la fois la vertu, l'innocence, les talens, la beauté ! La Loi, toujours inexorable, lui crie : Armez votre ame d'un triple airain ; frappez ſans foibleſſe & ſans pitié. Mais l'humanité, la nature, l'équité même, lui demandent grace pour une famille que ſa bienfaiſance, ſes mœurs, ſes ſervices, ont rendue reſpectable & chere à toute la contrée qu'elle habite ; à leur voix touchante ſe mêlent les gémiſſemens de tout un peuple, qui partage l'horreur de ſa ſituation ;

au deuil, à la consternation qui glace tous les cœurs, vous diriez que tous les citoyens sont la famille de l'accusé ; le spectacle de la douleur publique redouble & justifie la sensibilité des Magistrats. Ah ! ce n'est point contre le vice qu'il faut ici se tenir en garde, c'est contre leurs propres vertus qu'ils ont à se défendre...

Je veux croire cependant que dans des combats si dangereux, l'inflexible sévérité triomphera toujours ; je veux croire que tant de penchans impérieux ne mettront jamais le plus foible poids dans la balance de la Justice ; je veux croire qu'un Juge ne se laissera jamais égarer par quelqu'une de ces illusions, qui séduisent si facilement l'homme même le plus vertueux ; mais enfin malheur au peuple dont les préjugés semblent imprimer à la sagesse même des loix, un caractere d'injustice & de férocité ; & qui pour compter sur leur exécution, a besoin que ses Magistrats soient toujours capables de s'élever à l'héroïsme d'une vertu presque barbare.

Mais c'est sur-tout auprès du Souverain que l'on fera les plus grands efforts, pour sauver les coupables : le pouvoir de faire grace réside en ses mains. Il est vrai que le dépôt de la félicité d'un peuple dont il est chargé, éleve son ame au-dessus des mouvemens d'une senſibilité vulgaire, & lui inſpire une ſainte réſerve dans la diſpenſation de cette ſorte de bienfaits. Mais ici tant de circonſtances impérieuſes ſe réuniront ſouvent en faveur des familles ! tant d'objets touchans s'offriront à l'humanité du Prince ! tant de raiſons ſéduiſantes ſeront préſentées même à ſa ſageſſe..... comment la clémence pourroit-elle demeurer toujours inexorable, quand la Juſtice elle-même tremble de punir ? On lui arrachera la grace du coupable ; mais dans le moment même où ſon cœur combattu la laiſſera échapper, il ſera forcé de gémir ſur la bizarrerie d'un peuple frivole, dont les préjugés font violence à la juſte ſévérité des Loix, & ébranlent les principes ſalutaires qui ſont la baſe de l'ordre public.

TROISIEME PARTIE.

Ce que je viens de dire, Meſſieurs, me paroît ſuffiſant, pour mettre tous les eſprits à portée de décider, ſi le préjugé dont il eſt queſtion eſt plus nuiſible qu'utile à la Société.

J'ai fait voir que ſes prétendus avantages ſont chimériques & nuls, ſon injuſtice extrême & ſes inconvéniens affreux.

C'eſt dire aſſez, que nous devons réunir toutes nos forces pour le détruire : mais la maniere dont vous avez posé la question qui me reste à discuter, m'a paru mériter une attention particuliere.

Quels sont, demandez-vous, les moyens de détruire le préjugé, ou de parer aux inconvéniens qui en résultent, si l'on jugeoit qu'il fût nécessaire de le conserver en partie?

Cet énoncé nous invitoit à examiner si le préjugé restreint dans certaines bornes, ne pouvoit pas produire quelques bons effets, & s'il ne seroit pas encore plus utile de le modérer que de l'anéantir entiérement. Cette marche convenoit sans doute à la sagesse d'une Compagnie savante, qui cherchant à éclaircir une question importante au bien public, se proposoit d'engager les Gens de Lettres à examiner un si grand sujet sous toutes les faces, & à le discuter avec toute l'exactitude & toute la profondeur qu'il demande.

Pour moi, l'idée que je me suis formée de l'abus dont je parle, ne me permet pas d'admettre ici aucun tempérament, & mes principes me conduisent directement à la destruction totale du préjugé.

Je sais qu'il est chez tous les hommes, comme je l'ai observé dans la premiere Partie de ce Discours, un sentiment équitable & naturel, qui fait dépendre jusqu'à un certain point la considération attachée à une famille, du mérite ou des vices de chacun de ses membres. Cette maniere de penser, commune à toutes les Nations, est bonne, raisonnable, utile à la Société; mais encore un coup, ce n'est point-là le préjugé dont il est ici question. Ce discours n'a pour objet que cette opinion meutriere, particuliere à certains peuples, qui couvrant d'un opprobre éternel les parens d'un coupable que les Loix ont puni, les rendent à jamais des objets de mépris & d'horreur pour le reste de la Société; voilà l'abus qu'il faut anéantir.

En le frappant, ne craignons pas de détruire en même tems cette opinon primitive & modérée, qui distribue avec équité le blâme & la honte aux familles des coupables. Elle survivra toujours à la ruine de notre préjugé: c'est à elle que tous nos efforts nous rameneront naturellement, sans qu'il soit besoin de nous en occuper; il ne seroit pas même en notre pouvoir de l'étouffer, elle tient à la nature même des choses. Jamais dans aucune Société les grandes actions ou les crimes d'un particulier, ne feront absolument indifférentes à la gloire de sa famille. Mais si cette vaine terreur nous engageoit à user de ménagemens envers le préjugé, nous ne ferions contre lui que d'impuiſſantes tentatives; ſi nous craignons de paſſer le but, nous le manquons. Les précautions que nous prendrions pour conſerver une partie du préjugé, ne feroient que l'affermir davantage.

Quoi! lorſque nous avons beſoin de faire les plus grands efforts pour déraciner une opinion terrible, fortifiée par le tems, cimentée par l'habitude, entretenue par les cauſes les plus puiſſantes, la crainte d'obtenir un ſuccès trop complet eſt-elle donc le ſoin qui nous doive inquiéter? Non, ne ſongeons point à modérer l'uſage de nos forces, quand nous ne ſaurions les déployer toutes avec trop de courage. Banniſſons tous ces vains ſcrupules, dégageons-nous de toutes ces entraves, & marchons d'un pas ferme à la ruine du préjugé.

Mais ici une réflexion m'arrête. Ne nous flattons-nous point d'une vaine eſpérance? Eſt-il vraiment quelque moyen de guérir les hommes d'un mal ſi invétéré? L'abus que nous attaquons n'eſt-il pas deſtiné à triompher éternellement de tous les efforts de la raiſon? Ainſi parle le vulgaire; mais l'homme qui penſe, rejette ce funeſte préſage.

Les préjugés invincibles ne ſont faits que pour les tems d'ignorance, où l'homme, courbé ſous le joug de l'habitude, regarde toutes les coutumes anciennes comme ſacrées, parce qu'il n'a ni la faculté de les apprécier, ni même l'idée de les examiner; mais dans un ſiecle éclairé, où tout eſt peſé, jugé, diſcuté; où la voix de la raiſon & de l'humanité retentit avec tant de force; où devenus plus ſenſibles & plus délicats en raiſon du progrès de nos connoiſſances, nous nous appliquons ſans ceſſe à diminuer nos miſeres & à augmenter nos jouiſſances, un uſage atroce ne peut long-tems retarder ſa ruine, s'il n'eſt protégé par les paſſions des hommes, ou par le crédit d'un trop grand nombre de citoyens intéreſſés à le perpétuer. Or, le préjugé dont nous parlons n'eſt utile à perſonne; il eſt redoutable à tous; la Société entiere demande qu'il périſſe.

Oui, Meſſieurs, le ſeul progrès des lumieres ſuffiroit peut-être pour amener tôt ou tard cette heureuſe révolution; mais nous ne devons pas employer avec moins de zele tous les moyens néceſſaires pour l'accélérer. Ne vous ſemble-t-il pas voir toutes les familles, que le préjugé fatal peut frapper encore dans l'avenir, élever vers nous une voix touchante, pour nous inviter à précipiter, s'il eſt poſſible, l'époque de ſa deſtruction? Heureux l'homme d'Etat qui pourra ſe dire à lui-même: J'ai trouvé au milieu de ma Nation un monſtre, qui avoit déſolé tous les ſiecles précédens; il menaçoit de ſes fureurs les générations futures, mais je l'ai anéanti avant qu'il ait pu parvenir juſqu'à elles. Heureux auſſi & non moins grand peut-être l'Homme de Lettres, qui ſauroit montrer à l'Homme d'Etat les traits dont il doit frapper ce monſtre, & obtenir la plus douce récompenſe qui puiſſe couronner les travaux du génie, l'avantage de contribuer au bonheur de ſes concitoyens.

La nature du préjugé dont il eſt queſtion, nous indique celle des moyens que nous devons employer contre lui.

Ce n'eſt point par des loix directes qu'il faut le combattre, ce n'eſt point par l'autorité qu'il faut l'attaquer; l'autorité n'a point de priſe ſur l'opinion : loin de détruire celle qui nous occupe, elle ne feroit peut-être que la fortifier. Cette opinion a ſa ſource dans l'honneur, comme je l'ai prouvé; & l'honneur loin de céder à la force, ſe fait un devoir de la braver. Eſſentiellement libre & indépendant, il n'obéit qu'à ſes propres loix, il ne connoît d'autre maître ni d'autre juge que lui-même.

Nous n'avons pas beſoin non plus de bouleverſer tout le ſyſtême de notre légiſlation, pour chercher le remede d'un mal particulier dans une révolution souvent dangereuse; des moyens plus simples & en même tems plus sûrs vont bientôt s'offrir à nous.

Tout ce que l'on pourroit désirer, c'est qu'on s'efforçât de mieux éclairer l'opinion publique sur l'esprit de quelques-unes de nos institutions, que nous nous obstinons à regarder comme favorables au préjugé : telle est sur-tout l'opinion attachée à la confiscation. Quel en est donc l'objet? Est-ce le coupable qu'on veut punir? Non, la confiscation n'est pas la peine destinée à expier le crime, elle n'en est que la conséquence; & d'ailleurs quand le Fisc s'empare des biens d'un criminel, ils ont pour l'ordinaire cessé de lui appartenir, parce que la juste sévérité des Loix lui a ôté la vie; c'est donc sur sa famille que tombe cette peine; c'est à ses héritiers qu'elle enleve le patrimoine, que l'ordre naturel des successions leur déféroit; & tandis qu'ils auroient besoin de toute la considération que le vulgaire attache à l'opulence, pour se défendre contre le mépris public qui les environne, nous ajoutons encore à leur avilissement par la misere....... la misere & l'infamie! Ah! c'est trop de maux à la fois : craignons-nous donc qu'il ne reste à ces malheureux quelques moyens d'échapper au désespoir & au crime où tout semble les entraîner ! La raison, l'intérêt public, la douceur de nos mœurs, tout nous invite donc à proscrire cet usage, que l'on peut regarder comme le plus puissant protecteur du préjugé.

Mais il en est encore un autre, qui doit avoir sur le préjugé que nous combattons une influence très-réelle, quoique plus éloignée, c'est la honte attachée à la bâtardise.

Je voudrois que l'opinion publique n'imprimât plus aucune tache aux bâtards ; qu'on ne parût point punir en eux les désordres de leurs peres, en les excluant des bénéfices ecclésiastiques. Pourquoi se persuader que les vices de ceux qui leur ont donné le jour, leur ont été transmis avec leur sang ? Je ne proposerois pas cependant de leur accorder les droits de famille, & de les appeller avec les enfans légitimes à la succession de leurs parens : non, pour l'intérêt des mœurs, pour la dignité du lien conjugal, ne souffrons pas que les fruits d'une union illicite, viennent partager avec les enfans de la loi les honneurs & le patrimoine des familles, auxquelles ils sont étrangers à ses yeux ; laissons aux cœurs des citoyens qu'égare l'ivresse des passions, la douleur salutaire de ne pouvoir prodiguer librement toutes les preuves de leur tendresse aux gages d'un amour que la vertu n'approuve pas ; ne leur permettons pas de goûter toutes les douceurs attachées au titre de pere, s'ils n'ont plié leur tête sous le joug sacré du mariage. La seule chose où l'on cherche en vain les principes de la justice & de la raison, la seule qui favorise le principe du préjugé dont il est question, c'est cette espece de flétrissure que nous semblons attacher à la personne des bâtards, en les déclarant incapables de possédes des bénéfices. Cet usage inconnu aux premiers âges de l'Eglise, né dans le onzieme siecle, c'est-à-dire au milieu des plus épaisses ténebres de l'ignorance, ne va pas même au but qu'il semble se proposer, puisque l'indignité qu'on suppose dans les bâtards, est toujours levée par des dispenses, qui ne se refusent jamais, & qui ne sont que de pure formalité. Si le bien public & l'intérêt de l'Eglise exigent qu'ils soient exclus des bénéfices, ces dispenses sont injustes & nulles ; dans le cas contraire, elles sont absurdes & inutiles, ou plutôt elles servent à faire penser que l'on peut raisonnablement imputer aux hommes des fautes, commises dans un tems où ils n'étoient point encore ; c'est cet abus trop analogue à notre préjugé qu'il faut proscrire, aussi bien que tous ceux de nos autres usages, qui peuvent retracer les mêmes idées & le même esprit.

Mais il est tems de porter un plus grand coup au préjugé, en réformant une autre institution plus déraisonnable encore.

Quel étrange spectacle se présente ici à mes yeux ! deux citoyens ont offensé la Loi : l'un pressé par le besoin autant que par la cupidité, a osé porter des mains avides sur les trésors de son voisin opulent ; l'autre a trahi l'Etat, en livrant aux ennemis la florissante armée qu'il devoit conduire à la victoire : la Loi s'apprête à punir ces deux coupables ; on déploie pour le premier l'appareil d'un supplice aussi cruel qu'ignomineux ; mais l'autre, on le regarde encore d'un œil de faveur & de prédilection, l'indulgence éclate jusque dans les coups qu'on lui porte ; on a réservé pour lui une espece de punition particuliere ; on attache à l'instrument même de son supplice une idée de grandeur & de prééminence, qui le distingue encore en ce moment de la foule des citoyens, & semble imposer au mépris public qui devoit l'écraser. Le premier transmettra sa honte au dernier rejetton de sa race malheureuse ; mais la honte n'oseroit approcher de la famille du second ; & ses glorieux descendans citeront un jour avec orgueil la catastrophe même qui termina sa vie, comme un titre éclatant de leur noblesse & de leur illustration.

Quel est donc le motif d'une telle partialité! le Noble & le Roturier, condamnés à servir de victime à la vindicte publique, sont deux coupables, tous deux déchus du rang qu'ils occupoient dans l'Etat, tous deux dépouillés de la qualité de citoyen; une seule différence reste entr'eux, c'est que le premier est plus criminel, parce qu'il avoit violé des Loix qui avoient accumulé sur sa tête toutes les distinctions & tous les avantages de la Société. Pourquoi donc le traiter avec tant d'honneur au sein même de l'infamie? O toi, qui vas expier à la face du public les attentats dont tu t'es souillé, viens-tu donc jusques sur l'échafaud humilier, par le faste d'une orgueilleuse prérogative, les citoyens vertueux auxquels les loix vont t'immoler! viens-tu leur dire: je suis si grand & vous êtes si viles, que mes crimes mêmes sont plus nobles que ceux des gens de votre espece, & que ni mes forfaits, ni mon supplice, ne peuvent encore m'abaisser jusqu'à vous?

Vous venez de voir, Messieurs, dans cet usage une injustice, une atteinte portée à la vigueur des Loix, une insulte à l'humanité; mais

mais ce qui me touche ici particuliérement, c'eſt l'appui qu'il prête au préjugé qui nous occupe.

Cette différence de peines qui ſemble dire aux Roturiers, qu'ils ne ſont pas dignes de mourir de la même maniere que les Nobles, ajoute néceſſairement à celle des premiers un nouveau caractere d'ignominie ; tandis que les punitions des grands paroiſſent en quelque ſorte honorables, parce qu'elles ſont réſervées pour les grands, celles du peuple deviennent plus aviliſſantes, parce qu'elles ne ſont faites que pour le peuple. C'eſt ainſi que le déshonneur s'eſt attaché aux familles plébéïennes, parce que les inſtrumens deſtinés au ſupplice de leurs membres, étoient en même tems les triſtes monumens de leur humiliation, & du mépris que la Loi même ſembloit témoigner pour elles. Et voilà peut-être le reſſort le plus puiſſant du préjugé ; car ce n'eſt ni la raiſon, ni la vérité, mais l'éclat des diſtinctions extérieures qui détermine l'eſtime de la multitude. Voyez comme par-tout elle conſidere la vertu moins que les talens, les talens moins que la grandeur & l'opulence ; voyez comme le peuple ſe mépriſe toujours lui-même, à proportion du mépris qu'on a pour lui : c'eſt par ce principe que le préjugé trouve dans l'usage dont je viens de parler, de puissantes ressources pour opprimer cette partie de la Nation, qui reste en butte à ses injustices, & pour faire retomber sur elle tout le déshonneur dont l'autre s'affranchit.

Que devons-nous faire pour remédier à de tels inconvéniens? Si j'entreprends de l'indiquer, ce n'est pas que je veuille porter une main profane sur l'édifice sacré de nos Loix; je sais qu'il n'appartient qu'aux Chefs de la législation, de peser dans leur sagesse les avantages ou les inconvéniens des Loix; & que le ministere de l'Ecrivain philosophe se borne à diriger l'opinion publique. C'est donc à elle seule que je m'adresse, quand je désire de voir étendu à toutes les classes de la Société, le genre de peines jusque ici réservé pour les grands. Je préfere ce parti à celui d'étendre aux grands les châtimens affectés aux autres citoyens, non-seulement parce qu'il est plus doux, plus humain & plus équitable, mais aussi parce qu'il nous fourniroit encore un moyen plus directe d'affoiblir le préjugé.

Tout ce que nous venons de dire, fait voir que la honte de ce préjugé n'est pas seulement attachée au supplice, mais à la forme même du supplice; & comme l'imagination des peuples est accoutumée de prêter à celle que je propose de rendre générale une sorte d'éclat, & d'en séparer l'idée du déshonneur des familles, la transporter à la bourgeoisie me paroît être un moyen naturel de donner le change au préjugé, & de tourner contre lui les choses mêmes qui ont favorisé ses progrès. Le mal dont nous parlons étant l'ouvrage du caprice & de l'imagination, ce seroit peut-être un grand art que de lui opposer un remede puisé dans ces mêmes principes ; car ce n'est pas toujours sur la gravité des mesures que l'on prend pour déraciner un abus, qu'il faut fonder le succès d'une pareille entreprise, mais sur leurs rapports avec la disposition des esprits qui l'a fait naître & qui le perpétue.

Tous les moyens que je viens d'indiquer, ne peuvent manquer, ce me semble, d'affoiblir au moins le préjugé ; mais il en est un puissant, irrésistible, qui suffiroit seul pour l'anéantir : & ce moyen quel est-il ? Interrogeons là-dessus tout homme de bon sens & il nous l'indiquera, tant il est simple, naturel & infaillible. Qui ne connoît pas cet ascendant invincible attaché à l'exemple des Souverains ? O Rois ! je vais parler de la plus précieuse de vos prérogatives, & de la plus noble partie de votre puissance. Ce n'est pas lorsqu'elle force un peuple entier à plier sous vos loix qu'elle me frappe davantage : le pouvoir des loix eſt bornée ; elles peuvent bien commander quelques actions extérieures ; mais ſous leur empire même, nos eſprits, nos penſées, nos paſſions reſtent libres, & ce ſont elles qui forment nos mœurs, dont la puiſſance balance & renverſe quelquefois celle des Loix mêmes. Mais cette partie de notre indépendance qui échappe à votre autorité, vous la reſaiſiſſez par la force de vos exemples.

Par-tout la ſplendeur des titres & des dignités attire le reſpect & l'admiration des hommes; de-là ce penchant impérieux qui les porte à copier les manieres & les idées de ceux que leur rang éleve au-deſſus du vulgaire. Conſiderez ſur-tout le caractere des peuples ſoumis au gouvernement monarchique, ne ſemble-t-il pas que cet eſprit d'imitation ſoit le reſſort univerſel qui les fait mouvoir ? Voyez comme les Provinces imitent la Ville, comme la Ville imite la Cour ; comme la maniere de vivre des grands devient la regle des peuples, fixe ce qu'on appelle le bon ton, eſpece de mérite auquel chacun prétend, & qui eſt en quelque ſorte la meſure de la conſidération qu'il obtient dans le commerce du monde. Que dis je ? telle eſt l'influence de leur conduite, qu'elle efface ſouvent aux yeux du vulgaire les principes les plus sacrés, & forme presque son unique morale. N'est-il pas des vertus viles & bourgeoises, parce qu'ils les abandonnent au peuple, des ridicules qu'ils mettent en vogue, des vices qu'ils ennoblissent en les adoptant? Ils pourroient ramener un peuple entier à la vertu, si la vertu d'un peuple n'étoit point une chimere dans les vastes Empires où le luxe irrite sans cesse toutes les passions.

Si tel est le pouvoir de l'exemple des grands, que sera-ce de celui des Souverains? Supposons qu'il y ait dans le monde un peuple à la fois sensible, généreux & frivole, que la mode entraîne, que l'éclat & la grandeur passionnent, qu'un penchant naturel à aimer ses maîtres, encore plus que la vanité, dispose à recevoir toutes les impressions qu'ils voudront lui donner, quelles ressources n'auront-ils pas pour diriger ses mœurs, ses idées, ses opinions?

Oui, pour triompher du préjugé barbare que je combats, la raison & l'humanité n'attendent plus que leur secours; & j'ose croire qu'il nous en coûtera peu pour le leur sacrifier. En effet, quand j'examine plus attentivement cette opinion bizarre, je ne vois pas à quoi elle tient désormais parmi nous: du moins me paroît-il certain qu'elle ne porte point ſur un mépris réel de ceux qui en ſont les victimes. Quiconque eſt capable de quelque réflexion, en ſent aiſément toute l'abſurdité ; il trouve en lui aſſez de philoſophie pour s'en détacher, mais il craint le blâme d'autrui s'il oſoit la braver ouvertement ; on eſt enchaîné par les préjugés que l'on ſuppoſe dans les autres plutôt que par les ſiens ; il s'agit donc moins de changer nos principes, que de nous autoriſer à les obſerver par des exemples impoſans : que le Souverain nous les donne, & nous nous empreſſerons de les ſuivre.

Il eſt peu néceſſaire ſans doute d'entrer dans le détail des moyens que ſa bienfaiſance pourroit choiſir, pour exécuter un projet ſi digne d'elle ; ils ſe préſentent d'eux-mêmes à tout eſprit juſte.

Par exemple, il ne ſouffriroit pas qu'on fermât déſormais aux parents d'un coupable la route des honneurs & de la fortune ; il ne dédaigneroit pas lui-même de les décorer des marques de ſa faveur, lorſqu'ils en ſeroient dignes par leurs qualités perſonnelles. Il eſt peu de familles qui ne puiſſent ſe glorifier d'un homme de mérite ; ſouvent celle où les Loix auront trouvé un coupable, offrira pluſieurs citoyens diſtingués par des talens & par des vertus ; la ſageſſe du Souverain ne laiſſera point échapper une si belle occasion ; d'annoncer au public par des exemples éclatans, combien il dédaigne ce vil préjugé qui ose outrager l'innocence, & de le flétrir pour ainsi dire de son mépris à la face de toute la Nation.

Un jeune homme qui tenoit à une famille honnête, vient de périr sur l'échafaud ; tous les esprits sont encore pleins de l'impression de terreur qu'a produite l'image de son supplice ; on plaint une famille entiere digne d'un meilleur sort ; on plaint sur-tout un pere vénérable par ses mœurs, & par des services rendus à la Patrie. Stérile pitié qui ne sauveroit pas de l'infamie !.... mais tout à coup une étonnante nouvelle s'est répandue...... Ce citoyen a reçu de la part du Roi une lettre honorable ; le Monarque daigne l'assurer qu'une faute étrangere n'efface point à ses yeux les vertus & les services de ses fideles sujets, il le nomme à un poste considérable dans sa Province, il ajoute à ce bienfait la marque brillante d'une distinction flatteuse.... Croit-on que cet homme-là seroit vil aux yeux de ses compatriotes ? Cependant des faits semblables se renouvellent : la renommée les publie par-tout, avec des circonstances propres à frapper l'imagination des peuples, & à leur montrer ſous les traits les plus touchans la ſageſſe & la bonté du Roi. Il n'eſt pas néceſſaire d'ajouter que ſes intentions, manifeſtées par ſes actions & par ſes diſcours, ſont devenues pour ſes Courtiſans une loi; que les grands, que les hommes en place, ſeconderont de tout leur pouvoir l'exécution de ſes vues bienfaiſantes. Voilà donc les diſpenſateurs des graces, les modeles du goût & des mœurs publiques, les arbitres du bon ton, les légiſlateurs de la ſociété, ligués contre une opinion qui a ſa ſource dans le faux honneur; la vanité même ſe joint à la juſtice & à la raiſon pour la repouſſer. Nous la verrons donc bientôt reléguée dans la claſſe de ces préjugés groſſiers, qui ne ſont faits que pour le peuple, & que les honnêtes gens rougiroient d'adopter.

Applaudiſſons-nous, Meſſieurs, de voir ſon ſort dépendre d'un pareil événement; non, ce ne ſera point en vain que vous aurez conçu le noble eſpoir d'en affranchir l'humanité. Cette idée intéreſſante, ſur laquelle vous avez ſu fixer l'attention du public, parviendra tôt ou tard juſqu'au Trône; elle ne ſera pas vainement préſentée au jeune & ſage Monarque qui le remplit: nous en avons pour garant cette ſainte paſſion du bonheur des peuples, qui forme son auguste caractere. Celui qui bannissant de notre Code criminel l'usage barbare de la question, voulut épargner aux accusés des cruautés inutiles qui déshonoroient la justice, est digne d'arracher l'innocence à l'infamie qui ne doit poursuivre que le crime. Dompter ce préjugé terrible, seroit du moins un nouveau genre de triomphe, dont il donneroit le premier exemple aux Souverains, & dont la gloire ne seroit point effacée par l'éclat des grands événemens qui ont illustré son regne.

Enfin cette ressource si puissante n'est pas la derniere qui nous reste; j'en vois une autre qui paroît faite pour la seconder, & qui seule produiroit encore les plus grands effets : & cette ressource, Messieurs, c'est vous-mêmes qui nous l'avez présentée.

En invitant les Gens de Lettres à frapper sur l'opinion funeste dont nous parlons, vous avez donné au public un gage certain de sa ruine, la raison & l'éloquence : voilà des armes que l'on peut désormais employer avec confiance contre les préjugés. Oui, plus je réfléchis, & plus je suis porté à croire que celui dont il est question, ne conserve encore aujourd'hui des restes de son ancien empire, que parce qu'il n'a point encore été approfondi, parce que l'esprit philosophique ne s'est point encore porté particuliérement sur cet objet. On croit peut-être assez généralement qu'il est injuste & pernicieux ; mais le croire ce n'est point le sentir : pour imprimer aux esprits ce sentiment profond, pour leur donner ces fortes secousses, nécessaires pour les arracher à un préjugé qui s'appuie encore sur la force d'une ancienne habitude, il faudroit ramener souvent leur attention sur le tableau des injustices & des malheurs qu'il entraîne.

C'est à vous de rendre ce service à l'humanité, illustres Ecrivains, à qui des talens supérieurs imposent le noble devoir d'éclairer vos semblables ; c'est à vous qu'il est donné de commander à l'opinion ; & quand votre pouvoir fut-il plus étendu que dans ce siecle avide des jouissances de l'esprit, où vos Ouvrages devenus l'occupation & les délices d'une foule innombrable de citoyens, vous donnent une si prodieuse influence sur les mœurs & sur les idées des peuples ? Combien de coutumes barbares, combien de préjugés aussi funestes que respectés n'avez-vous pas détruits, malgré les profondes racines qui sembloient devoir ôter l'espoir de les ébranler ? Hélas ! le génie sait faire triompher l'erreur même, lorsqu'il s'abaisse à la protéger ; que ne pourrez-vous donc pas quand vous montrerez la vérité aux hommes, non pas la vérité austere gourmandant les passions, imposant des devoirs, demandant des sacrifices; mais la vérité douce, touchante, réclamant les droits les plus chers de l'humanité, secondant le vœu de toutes les ames sensibles, & trouvant tous les cœurs disposés à la recevoir? Quelle résistance éprouverez-vous, quand vous attaquerez avec toutes les forces de la raison & du génie un préjugé odieux, déjà beaucoup affoibli par le progrès des lumieres, & dont on s'étonnera d'avoir été l'esclave, dès que vous l'aurez peint avec les couleurs qui lui conviennent?

Graces immortelles soient donc rendues à la Compagnie savante, qui la premiere a donné l'exemple de tourner vers cet objet l'émulation des Gens de Lettres. Cette idée, aussi belle qu'elle est neuve, lui assure à jamais des droits à la reconnoissance de la Société. J'ai tâché, Messieurs, autant qu'il étoit en moi, de seconder votre zele pour le bien de l'humanité : puisse un grand nombre de ceux qui ont couru avec moi la même carriere, avoir attaqué avec des armes plus victorieuses, l'abus funeste contre lequel nous nous sommes ligués! Si je n'obtiens pas la couronne à laquelle j'ai osé aspirer, je trouverai du moins au fond de mon cœur un prix plus flatteur encore, qu'aucun rival ne sauroit m'enlever.

FIN.

www.ingramcontent.com/pod-product-compliance
Ingram Content Group UK Ltd.
Pitfield, Milton Keynes, MK11 3LW, UK
UKHW021010180726
13838UKWH00004B/1504